Reloj de la Vida: Invertir Cada Momento para un Mañana Mejor

Prefacio

Bienvenidos al viaje de "Reloj de la Vida: Invertir Cada Momento para un Mañana Mejor". Este libro no es solo una guía, sino una invitación a redescubrir y reinventar nuestra relación con el tiempo, la más democrática de las monedas a nuestra disposición.

En las páginas que siguen, exploraremos el concepto del tiempo no solo como una secuencia inexorable de segundos, minutos y horas, sino como un recurso extraordinario, un regalo que, si se utiliza con sabiduría, puede transformar nuestras vidas y el mundo a nuestro alrededor. A través de historias, anécdotas, reflexiones y estrategias prácticas, intentaremos desvelar el poder latente en cada momento de nuestra existencia.

Nuestra vida es un mosaico compuesto por innumerables instantes, y cada pieza de este mosaico es una oportunidad para crear,
aprender, compartir, amar y crecer. En una época donde la velocidad y la eficiencia son a menudo valoradas más que la intencionalidad y el significado, "Reloj de la Vida" ofrece una perspectiva diferente, invitándonos a considerar cada momento no como un simple tic-tac del tiempo, sino como un latido del corazón de nuestra existencia.

Este libro es para cualquiera que sienta la necesidad de desacelerar, de reflexionar, de dar un sentido más profundo a sus días. Es para aquellos que buscan equilibrar el frenético ritmo de la vida moderna con la necesidad de encontrar paz, alegría y satisfacción. Es una guía para aquellos que desean invertir su tiempo no solo para el éxito personal, sino también para dejar una huella positiva en el mundo.

En el transcurso de estos capítulos, les animo a pensar en cómo cada elección, cada acción, cada momento de pausa, contribuye a definir quiénes son y la herencia que desean dejar. Nuestra esperanza es que, al final de este camino, se sientan inspirados para ver el tiempo no como un enemigo a combatir, sino como un aliado valioso en la construcción de un futuro rico en significado y satisfacción. Comencemos este viaje juntos, descubriendo cómo podemos hacer que cada tic-tac del reloj de la vida cuente de verdad."

Introducción: El Tiempo como Moneda Universal

El Tiempo: Una Moneda Universal

En nuestro mundo globalizado, las monedas pueden variar de un país a otro, pero existe una "moneda" que permanece constante en todas partes: el tiempo. Esta introducción explora la idea del tiempo como la única moneda verdaderamente democrática, accesible para todos independientemente de su ubicación geográfica, estatus social o trasfondo económico. A diferencia de las monedas materiales, el tiempo se distribuye de manera equitativa a cada uno de nosotros. Cada día, disponemos de las mismas 24 horas, una riqueza que, si se invierte sabiamente, puede generar retornos significativos a largo plazo.

Paralelismos entre el Tiempo y las Monedas Tradicionales

Al igual que las monedas tradicionales, el tiempo puede gastarse, ahorrarse, invertirse o, lamentablemente, desperdiciarse. Sin embargo, a diferencia del dinero, el tiempo es irrecuperable. Una vez pasado, no puede ganarse de nuevo, convirtiéndolo en el recurso más valioso a nuestra disposición.

Consideremos un ejemplo: dos personas reciben la misma cantidad de dinero; una lo gasta en bienes de consumo efímeros, mientras que la otra lo invierte en acciones o educación. Con el tiempo, la segunda persona verá un retorno de su inversión, mientras que la primera se quedará sin nada. De manera similar, dos personas pueden elegir gastar su tiempo de maneras diferentes: una podría dedicarse al aprendizaje de nuevas habilidades o a construir relaciones significativas, mientras que la otra podría pasar el tiempo en actividades menos productivas. Con el paso de los años, aquel que ha invertido su tiempo sabiamente cosechará sus frutos.

Esta analogía nos lleva a comprender que el tiempo, al igual que el dinero, requiere una gestión cuidadosa y consciente. La diferencia fundamental es que, mientras que el dinero puede acumularse y aumentarse, el tiempo es un flujo constante, imposible de detener o acumular. Por lo tanto, la verdadera sabiduría reside en utilizar el tiempo presente para crear un futuro mejor, tal como se haría con una inversión financiera.

A lo largo de este libro, exploraremos cómo podemos "invertir" nuestro tiempo de maneras que no solo enriquezcan nuestras vidas personales, sino que también creen un efecto en cadena de beneficios a largo plazo, siguiendo la lógica del interés compuesto. Analizaremos cómo las decisiones tomadas hoy pueden moldear no solo nuestro mañana, sino también el mañana de las generaciones futuras.

Capítulo 1: Comprender el Valor del Tiempo

La Percepción del Tiempo

El tiempo es una constante en la vida de todos, pero nuestra percepción de él puede variar enormemente. Para algunos, el tiempo parece fluir rápidamente, mientras que para otros pasa lentamente. Esta percepción subjetiva del tiempo está influenciada por muchos factores, como la edad, el estado emocional y las actividades que estamos realizando. Un aspecto crucial de comprender el valor del tiempo reside en reconocer que, a pesar de las diferentes percepciones, cada momento es único e irrepetible.

El Valor Intrínseco del Tiempo

El tiempo es más que una simple secuencia de segundos, minutos y horas. Es el lienzo sobre el cual pintamos la experiencia de nuestra vida. Su valor intrínseco no puede medirse en términos monetarios, sino más bien en la calidad de las experiencias que vivimos y en las relaciones que construimos. Cada momento que pasa es una oportunidad para aprender, crecer, amar y contribuir al mundo que nos rodea.

Historias y Anécdotas

Para ilustrar mejor el valor del tiempo, consideremos algunas historias y anécdotas:

- El Agricultor y las Estaciones: Un agricultor sabe que el tiempo tiene un valor inmenso. No puede acelerarlo ni ralentizarlo; debe trabajar en armonía con él. Siembra en primavera, cuida en verano, cosecha en otoño y se prepara en invierno. Su vida es un

ejemplo de cómo el
tiempo, usado sabiamente
en sintonía con los ritmos
naturales, puede llevar a
resultados extraordinarios.

- El Maestro y el Alumno: Un
  día, un alumno le preguntó
  a su maestro por qué
  dedicaba tanto tiempo a la
  meditación y reflexión. El
  maestro respondió:
  "Invierto tiempo para afinar
  mi mente y mi espíritu.
  Esto me permite vivir cada
  día más plenamente,
  haciéndome más eficiente
  y consciente en mis
  acciones cotidianas."

- La Historia del Pianista: Un
  pianista famoso pasó años
  practicando
  diligentemente. Cuando le
  preguntaron el secreto de
  su éxito, él respondió: "No
  es cuánto tiempo pasas
  con el piano, sino cómo lo
  pasas. Cada minuto de

práctica era enfocado e intencional."

Estas historias subrayan cómo el tiempo, usado con conciencia e intención, puede transformarse en algo precioso. No es la cantidad de tiempo a nuestra disposición lo que cuenta, sino la calidad del uso que le damos.

En este capítulo, hemos explorado cómo percibimos el tiempo y su valor intrínseco. En el próximo capítulo, nos centraremos en cómo nuestras decisiones cotidianas influyen en el uso del tiempo y cómo podemos tomar decisiones que maximicen su valor.

Capítulo 2: El Tiempo y las Decisiones Cotidianas

El Impacto de las Elecciones Cotidianas en el Tiempo

Nuestros días están llenos de decisiones, algunas pequeñas, otras más significativas. Cada elección que hacemos, consciente o inconscientemente, afecta nuestro tiempo. Desde la decisión de levantarnos temprano para hacer ejercicio hasta pasar una hora en las redes sociales, cada acción es una inversión de nuestro tiempo. La conciencia de este impacto nos permite comenzar a considerar el tiempo como un recurso precioso y limitado, que debe ser gestionado cuidadosamente.

Análisis de las Elecciones y su Impacto

Para comprender mejor cómo nuestras decisiones cotidianas influyen en el uso del tiempo, podemos reflexionar sobre algunas preguntas clave:

- ¿Cuál es el impacto a largo plazo de esta actividad?

- ¿Esta acción me acerca a mis objetivos o me aleja de ellos?

- ¿Es esta la mejor utilización de mi tiempo en este momento?

- Considerar estas preguntas antes de emprender una acción puede ayudarnos a tomar decisiones más conscientes que valoren nuestro tiempo.

Estrategias para Valorizar el Tiempo

Para maximizar el valor de nuestro tiempo, podemos adoptar varias estrategias:

- Priorización: Aprender a distinguir entre lo que es urgente y lo que es importante. Dedicar tiempo a actividades que contribuyen a nuestros objetivos a largo plazo puede traer mayores beneficios en comparación con responder a necesidades inmediatas pero menos significativas.

- Planificación y Organización: Usar herramientas como calendarios y listas de tareas puede ayudar a organizar mejor el tiempo. Establecer objetivos claros para cada día permite concentrarse en las actividades que realmente importan.

- Reducción de Distracciones: En una era de constante conexión digital, las distracciones están por todas partes. Aprender a limitar estas interrupciones puede liberar tiempo valioso para dedicarlo a actividades más significativas.

- Reflexión Diaria: Dedicar tiempo a reflexionar sobre nuestras acciones diarias puede ofrecer valiosas percepciones sobre cómo mejorar el uso del tiempo.

- Aprendizaje Continuo: Invertir tiempo en el aprendizaje y el desarrollo personal puede llevar a mejoras significativas en la gestión del tiempo y en la calidad de vida.

- Escuchar al Propio Cuerpo y Mente: A veces, el mejor uso del tiempo puede ser descansar o dedicarse a actividades que nos regeneren, permitiéndonos ser más productivos y enfocados posteriormente.

En el próximo capítulo, profundizaremos en cómo podemos invertir nuestro tiempo para un futuro mejor, explorando el efecto compuesto del tiempo y cómo puede ser aprovechado para maximizar nuestros esfuerzos a largo plazo.

Capítulo 3: Invertir el Tiempo para un Futuro Mejor

El Efecto Compuesto del Tiempo

El efecto compuesto, comúnmente asociado con el mundo de las finanzas, también puede aplicarse al tiempo. Se refiere a la acumulación de interés sobre interés, o en este caso, a los beneficios crecientes que resultan de invertir el tiempo de manera sabia. Este concepto es fundamental para comprender cómo pequeñas acciones cotidianas, repetidas constantemente, pueden producir resultados extraordinarios a largo plazo.

Cómo Aprovechar el Efecto Compuesto del Tiempo

- Consistencia en los Hábitos: La clave para aprovechar el efecto compuesto es la consistencia. Ya sea que se trate de desarrollar una nueva habilidad, construir una relación o trabajar en un proyecto, es la inversión regular de tiempo la que conduce a los mayores beneficios.

- Establecimiento de Objetivos a Largo Plazo: Tener objetivos claros para el futuro puede ayudar a guiar las decisiones diarias, asegurando que el tiempo se invierta en actividades que apoyen estos objetivos.

- Evaluación y Ajuste Periódicos: Periódicamente, evalúa tus progresos hacia tus objetivos y ajusta tus acciones en consecuencia. Este proceso de reflexión y recalibración es esencial para mantener el curso y maximizar el efecto compuesto.

Ejemplos Prácticos de Inversiones a Largo Plazo del Tiempo

- Educación Continua: Dedicar tiempo cada día al aprendizaje no solo aumenta el conocimiento sino que también abre nuevas oportunidades, tanto profesionales como personales.

- Desarrollo de Relaciones: Invertir tiempo en relaciones significativas es fundamental. Las relaciones sólidas requieren tiempo y atención constante, pero

los beneficios a largo plazo
son invaluables.

- Salud y Bienestar: Dedicar
tiempo regularmente al
ejercicio físico y al cuidado
personal puede tener
enormes beneficios para la
salud a largo plazo.

- Proyectos Personales y
Profesionales: Trabajar en
proyectos que nos
apasionan, tanto en el
ámbito personal como
profesional, puede no solo
proporcionar satisfacción
inmediata sino también
resultados significativos
con el tiempo.

- Mindfulness y Meditación:
Dedicar tiempo a la
atención plena y la
meditación puede mejorar
notablemente la calidad de
vida, reduciendo el estrés
y aumentando la

conciencia y la
concentración.

A través de estos ejemplos, podemos ver cómo la inversión constante e intencional del tiempo puede llevar a una acumulación de beneficios, transformando pequeñas acciones de hoy en grandes resultados de mañana. En el próximo capítulo, nos centraremos en cómo el tiempo afecta nuestra productividad personal y en estrategias para optimizar su uso.

Capítulo 4: El Tiempo y la Productividad Personal

Mejorar la Gestión del Tiempo y la Productividad

La productividad no se mide solo en términos de cuánto se produce o se completa en un período dado, sino también en la calidad y eficacia de lo que se hace. Mejorar la gestión del tiempo y la productividad personal requiere un enfoque holístico que considere no solo las técnicas de gestión del tiempo, sino también el bienestar físico y emocional.

Técnicas para una Mejor Gestión del Tiempo

- Método Pomodoro: Esta técnica implica trabajar con enfoque durante 25 minutos seguidos por un

descanso de 5 minutos. Es
eficaz para mantener la
atención y reducir la fatiga
mental.

- Regla del 80/20 (Principio
de Pareto): Esta regla
sugiere que el 20% de
nuestras actividades
produce el 80% de los
resultados. Identificar y
concentrarse en estas
actividades puede
aumentar drásticamente la
eficacia.

- Planificación y Delegación:
Aprender a planificar con
anticipación y delegar
tareas no esenciales. Esto
libera tiempo para
concentrarse en tareas
más importantes y
gratificantes.

- Establecimiento de
Objetivos SMART: Los
objetivos deben ser
Específicos, Medibles,

Alcanzables, Relevantes y
Temporales. Este enfoque
ayuda a mantener la
claridad y dirección.

- Minimización de las
Disturbaciones: Crear un
entorno de trabajo que
reduzca las distracciones y
fomente la concentración.

Cómo la Productividad Influye en la Calidad de Vida

Una gestión eficaz del tiempo y una mayor productividad pueden tener un impacto significativo en la calidad de vida:

- Reducción del Estrés: Una
buena gestión del tiempo
puede reducir los niveles
de estrés, ya que se siente
menos prisa y más control
sobre las actividades
diarias.

- Equilibrio entre el Trabajo y
la Vida Personal: Mejorar la

productividad puede liberar más tiempo para dedicar a hobbies, relaciones y actividades de relajación.

- Satisfacción y Realización Personal: Completar tareas y alcanzar objetivos puede conducir a un sentido de satisfacción y realización.

- Mejora de la Salud: Menos estrés y más tiempo para actividades saludables como el ejercicio físico y una alimentación adecuada pueden mejorar la salud general.

En este capítulo, hemos explorado cómo una mejor gestión del tiempo y un aumento en la productividad pueden no solo hacer nuestras jornadas más eficientes, sino también mejorar significativamente la calidad de nuestra vida. En el próximo capítulo, nos centraremos en la importancia del equilibrio entre el tiempo libre y el compromiso, y en cómo encontrar un equilibrio saludable en esta dinámica.

Capítulo 5: Equilibrio entre el Tiempo Libre y el Compromiso

La Importancia del Tiempo Libre y el Descanso

El tiempo libre y el descanso son componentes fundamentales para una vida equilibrada y satisfactoria. A pesar de que la cultura moderna tiende a valorar la actividad incesante y la productividad, es esencial reconocer el valor del descanso y la relajación. El tiempo libre no es tiempo desperdiciado; es una inversión en nuestra salud mental y física, en la creatividad y en el bienestar emocional.

Beneficios del Tiempo Libre

- Recarga Mental y Física: El descanso y el tiempo libre permiten que el cuerpo y la mente se regeneren,

mejorando la
concentración y la
eficiencia al volver al
trabajo.

- Aumento de la Creatividad:
A menudo, las mejores
ideas surgen en momentos
de relajación, cuando la
mente está libre de
explorar y soñar sin
restricciones.

- Mejora de las Relaciones:
Dedicar tiempo a la familia
y amigos fortalece los
lazos afectivos y mejora la
calidad de las relaciones
interpersonales.

- Salud Mejorada: El tiempo
libre dedicado a
actividades como el
ejercicio físico, el arte o la
naturaleza puede tener
efectos positivos en la
salud física y mental.

Consejos para Encontrar un Equilibrio Saludable

- Planificación del Tiempo Libre: Así como se planifica el trabajo, es importante planificar el tiempo libre. Esto asegura que se dedique espacio a esta área vital de la vida.

- Establecer Límites: Fija límites claros entre el trabajo y el tiempo libre. Por ejemplo, evitar revisar los correos electrónicos de trabajo durante el fin de semana o por la noche.

- Variación de Actividades: Alterna diferentes tipos de actividades de tiempo libre, desde las físicas hasta las más reflexivas o creativas, para un bienestar holístico.

- Escuchar al Propio Cuerpo y Mente: Ser consciente de cuándo se necesita un descanso y no ignorar las señales de estrés o cansancio.

- Valorar el Tiempo Libre: Reconocer que el tiempo libre es tan importante como el tiempo dedicado al trabajo o a otros compromisos.

- Reconocer el Propio Ritmo Personal: Cada persona tiene su ritmo único; algunos pueden necesitar más tiempo libre que otros. Es importante escuchar y respetar el propio ritmo interno.

A través del equilibrio entre el tiempo libre y el compromiso, podemos mejorar no solo nuestra productividad sino también nuestra calidad de vida en general. En el próximo capítulo, exploraremos cómo el uso responsable del tiempo puede contribuir a un futuro más sostenible y cómo podemos usar nuestro tiempo para construir un futuro mejor.

Capítulo 6: Construir un Futuro Sostenible con el Tiempo

El Tiempo como Herramienta para la Sostenibilidad

En una época en la que la sostenibilidad se ha vuelto fundamental para el bienestar de nuestro planeta y las futuras generaciones, la forma en que elegimos gastar nuestro tiempo puede tener un impacto significativo. Este capítulo explora cómo nuestras acciones cotidianas, guiadas por una gestión responsable del tiempo, pueden contribuir a un futuro más sostenible.

El Uso del Tiempo para Acciones Sostenibles

- Educación y Conciencia: Dedicar tiempo a la educación y el aprendizaje sobre cuestiones ambientales y sociales es el primer paso para convertirse en ciudadanos globales responsables.

- Voluntariado y Compromiso Comunitario: Invertir tiempo en iniciativas de voluntariado y proyectos comunitarios puede tener un impacto directo en el bienestar de la comunidad y el medio ambiente.

- Consumo Consciente: Usar el tiempo para investigar y elegir productos y servicios sostenibles, reduciendo así el impacto ambiental.

- Sostenibilidad en la Vida Cotidiana: Integrar prácticas sostenibles en la vida diaria, como reducir el desperdicio, reciclar y usar medios de transporte ecológicos.

Inversiones a Largo Plazo para el Bienestar Colectivo

- Desarrollo de Habilidades y Conocimientos: Invertir tiempo en el aprendizaje y desarrollo de habilidades que puedan contribuir a soluciones sostenibles, como la agricultura sostenible, las energías renovables o la innovación en reciclaje.

- Creación de Redes y Colaboraciones: Emplear el tiempo para construir redes y colaboraciones con personas y organizaciones que trabajan por objetivos sostenibles.

- Defensa y Activismo: Dedicar tiempo al activismo para promover políticas y prácticas sostenibles.

Este enfoque del tiempo no solo contribuye a un futuro más sostenible, sino que también enriquece nuestra vida con un sentido de propósito y conexión con el mundo más amplio. En el próximo capítulo, exploraremos historias de éxito de individuos que han utilizado el tiempo como un aliado en la construcción de vidas ricas y significativas, ofreciendo inspiración e ideas sobre cómo podemos hacer lo mismo.

Capítulo 7: Historias de Éxito: El Tiempo como Aliado

Historias Inspiradoras de Uso Efectivo del Tiempo

Este capítulo está dedicado a contar historias de individuos que han transformado su tiempo en un poderoso recurso para el éxito y la realización personal. Estas narrativas ilustran cómo el tiempo, si se utiliza de manera estratégica e intencionada, puede conducir a resultados extraordinarios.

Historias de Éxito

- El Emprendedor Innovador: Una historia de un emprendedor que dedicó años a desarrollar una tecnología revolucionaria. Su persistencia y el uso estratégico del tiempo resultaron en la creación de una empresa líder en su sector.

- El Filántropo: La narración de una persona que dedicó parte de su tiempo a causas humanitarias, influyendo en la vida de muchas personas y encontrando un profundo sentido de satisfacción personal.

- El Artista: Un artista que utilizó el tiempo para perfeccionar su arte y, en el proceso, logró reconocimiento global, demostrando cómo la dedicación y la paciencia pueden llevar a resultados extraordinarios.

- El Científico: La historia de un científico que, a través de años de investigación dedicada, ha contribuido significativamente a su campo, cambiando la comprensión de un importante fenómeno natural.

- El Atleta: Un atleta que transformó el tiempo dedicado al entrenamiento en una serie de victorias olímpicas, convirtiéndose en un modelo de determinación y disciplina.

Aprender de las Historias de Éxito

Estas historias no solo inspiran, sino que también ofrecen lecciones valiosas:

- Persistencia y Visión a Largo Plazo: La persistencia y una visión clara de los objetivos a largo plazo son elementos comunes en estas historias.

- Sacrificio y Dedicación: El éxito a menudo requiere sacrificios y una dedicación constante, demostrando que el tiempo bien empleado puede llevar a resultados notables.

- Adaptabilidad y Aprendizaje Continuo: Estos individuos han mostrado la capacidad de adaptarse y aprender continuamente, utilizando su tiempo para crecer y desarrollarse.

- Equilibrio entre el Trabajo y la Vida Personal: Muchas de estas historias también destacan la importancia de mantener un equilibrio saludable entre el compromiso profesional y la vida personal.

Las historias en este capítulo demuestran cómo el uso consciente e intencionado del tiempo puede ser un poderoso aliado en el camino hacia el éxito y la realización personal. En el capítulo final, reflexionaremos sobre la importancia de dejar un legado de tiempo, enfatizando cómo cada uno de nosotros puede usar su propio tiempo para crear un impacto positivo y duradero.

Conclusión: Dejar un Legado de Tiempo

En este viaje a través de las páginas del libro, hemos explorado el tiempo no solo como un recurso, sino como la más fundamental de las monedas a nuestra disposición. Ahora, en la conclusión, reflexionamos sobre la última y quizás más significativa lección: dejar un legado de tiempo.

El Tiempo: Un Legado que Trasciende

El legado del tiempo no se mide en horas, días o años, sino en el impacto y la huella que dejamos en el mundo. Cada momento que vivimos y cada acción que emprendemos es como una semilla plantada, que puede crecer y florecer mucho más allá de nuestra existencia física. Esta perspectiva nos invita a reflexionar profundamente sobre cómo elegimos gastar nuestro tiempo.

La Huella del Tiempo en la Vida de Otros

- Influencia e Inspiración: Consideremos cómo nuestras acciones, palabras y elecciones pueden influir e inspirar a otros. Un acto de bondad, un proyecto innovador o un simple gesto de apoyo pueden tener repercusiones duraderas.

- Contribución a la Comunidad y al Mundo: El tiempo dedicado a mejorar nuestra comunidad o a abordar cuestiones globales es una inversión en el futuro colectivo. Esta contribución puede adoptar muchas formas, desde el voluntariado hasta el liderazgo, desde la

innovación hasta la
educación.

- Transmisión del
  Conocimiento y de los
  Valores: El conocimiento y
  los valores transmitidos a
  las generaciones futuras
  representan quizás el
  legado más duradero.
  Invertir nuestro tiempo en
  enseñar y compartir
  experiencias es una forma
  poderosa de influir en el
  futuro.

Invitación a la Acción

- Evaluación del Propio Uso
  del Tiempo: Invitamos a
  los lectores a reflexionar
  sobre cómo están
  utilizando actualmente su
  tiempo. ¿Hay un equilibrio
  entre el trabajo, el
  descanso, el aprendizaje y
  la contribución a la
  sociedad?

- Establecimiento de Objetivos Conscientes: Animamos a establecer objetivos que no solo conduzcan a la realización personal sino que también tengan un impacto positivo en el mundo circundante.

- Vivir con Intención: Cada día, cada hora, cada momento, es una oportunidad para crear algo significativo. Vivir con intención significa tomar decisiones que reflejen nuestros valores y aspiraciones más profundas.

En conclusión, la forma en que elegimos gastar nuestro tiempo puede convertirse en nuestro legado más duradero. Este libro es una invitación a ver cada día no solo como otra página del calendario, sino como una oportunidad para tejer una trama de momentos, acciones y decisiones que juntas forman un magnífico tapiz de impacto y significado. El tiempo es el lienzo, y nosotros somos los artistas; pintemos con sabiduría, pasión y propósito, para dejar detrás de nosotros una obra que resuene a través de las generaciones.